Como gastar menos do que você ganha

Copyright 2012 by Reinaldo Domingos

Direção editorial: Simone Paulino
Projeto gráfico e diagramação: Terra Design Gráfico
Editora-assistente: Silvia Martinelli
Produção editorial: Maíra Viana
Redação: Jussara Mangini
Produção gráfica: Christine Baptista
Revisão: Assertiva Produções Editoriais
Impressão: Intergraf Ind. Gráfica Ltda.

Todos os direitos desta edição são reservados
à DSOP Educação Financeira Ltda.
Av. Paulista, 726 – cj. 1210 – 12º andar
Bela Vista – CEP 01310-910 – São Paulo – SP
Tel.: 11 3177-7800 – Fax: 11 3177-7803
www.dsop.com.br

```
Dados    Internacionais  de  Catalogação  na  Publicação   (CIP)
         (Câmara  Brasileira  do  Livro,  SP,  Brasil)

         Domingos, Reinaldo
              Como gastar menos do que você ganha / Reinaldo
         Domingos. -- São Paulo : DSOP Educação Financeira,
         2013. -- (Coleção dinheiro sem segredo ; v. 6)

              ISBN 978-85-63680-72-3

              1. Dinheiro 2. Economia doméstica 3. Finanças
         pessoais - Decisões 4. Finanças pessoais -
         Planejamento 5. Investimentos 6. Matemática
         financeira 7. Poupança e investimento I. Título.
         II. Série.


13-00454                                          CDD-332.6
```

Índices para catálogo sistemático:

1. Educação financeira : Economia   332.6

DINHEIRO SEM SEGREDO

Como gastar menos do que você ganha
REINALDO DOMINGOS

dsop

Sumário

Apresentação 8

Reavalie seus valores

No mundo das ilusões 13

As aparências enganam 17

O que o motiva a comprar? 19

Sonho de consumo ou desejo de status? 22

Transforme sonhos em realidade

Quais são os seus sonhos? 29

Comprometa-se com seus sonhos 31

Como incluir os sonhos no orçamento 33

A solução está no autocontrole

Bens de valor e sem valor 39

Atenção aos pequenos gastos 43

Monte um orçamento realista 46

Reduzir o consumo é possível

Resista às tentações 53

As armadilhas do crédito fácil 56

Poupar vale a pena 62

Roteiro do consumo responsável 67

DSOP Educação Financeira 70

Reinaldo Domingos 72

Contatos do autor 74

Apresentação

A Coleção **Dinheiro sem Segredo** foi especialmente desenvolvida para ajudar você e muitos outros brasileiros a conquistar a tão sonhada independência financeira.

Nos 12 fascículos que compõem a Coleção, o educador e terapeuta financeiro Reinaldo Domingos oferece todas as orientações necessárias e apresenta uma série de conhecimentos de fácil aplicação, para que você possa adotar em sua vida a fim de equilibrar suas finanças pessoais.

Questões como a caminhada para sair das dívidas, a realização de sonhos materiais como a compra da casa própria e a melhor forma de preparar uma aposentadoria são abordadas numa leitura fácil, saborosa e reflexiva.

Os fascículos trazem dicas de como lidar com empréstimos, cheques especiais, cartões de crédito e financiamentos, todas elas embasadas numa metodologia própria, que já ajudou milhares de brasileiros a ter uma vida financeira melhor e a realizar seus sonhos.

Observador e atento, Reinaldo faz uso de tudo o que ouve em seu dia a dia como educador e consultor financeiro para explicar o que se deve ou não fazer quando o assunto é finanças. As dicas e ensinamentos que constam nos fascículos são embasados pela Metodologia DSOP, um método de ensino desenvolvido pelo autor que consiste em diagnosticar gastos, priorizar sonhos, planejar o orçamento e poupar rendimentos.

Reavalie seus valores

No mundo das ilusões.

As aparências enganam.

O que o motiva a comprar?

Sonho de consumo ou desejo de status?

No mundo das ilusões

Zelar pela nossa imagem é uma preocupação legítima. No universo profissional, precisamos estar atentos para transmitir uma aparência coerente com a atividade que exercemos. Na vida social, temos que circular por diferentes grupos de pessoas e interesses.

Mas, apesar da necessidade real desse "exercício" diário praticado muitas vezes involuntariamente, não precisamos nos distanciar de nossa essência e nem esquecer nossa realidade financeira, aparentando algo que não somos.

Na adolescência, período da vida em que ser aceito pelo grupo é visto como questão de sobrevivência, é comum o jovem achar que será mais admirado pelos adornos que carregar – o tênis da moda, o game mais poderoso, o celular mais moderno –, mesmo que seus pais não tenham condições de comprar tais itens. Sabemos que esse comportamento é reflexo de uma fase de insegurança, busca pelo autoconhecimento e experimentações.

Entretanto, há adultos que continuam tentando se autoafirmar. Há quem se endivide até o pescoço para conseguir fazer parte da sociedade de consumo. Vive-se a crença de que há mais valor em ter do que em ser. Existem pessoas que levam esse valor a um nível extremo, mergulhando de cabeça num mundo de ilusão, sem perceber o que diz a sabedoria popular: "Status é algo de que você não precisa, que compra com o dinheiro que não tem, para impressionar pessoas que não conhece".

Falando assim, parece até que essa é uma característica dos tempos modernos. Mas até os contos de fadas retratam personagens desse tipo. Você se lembra da história da Bela, filha mais nova de um poderoso mercador? Ela tinha duas irmãs, ambas muito vaidosas, que adoravam ostentar o dinheiro que possuíam, vivendo uma vida luxuosa e perdulária, vestindo os melhores vestidos do reino e frequentando as festas mais suntuosas.

A filha caçula do mercador, no entanto, era humilde, generosa e não fazia questão de ostentar nenhum tipo de luxo. Para ela, o importante eram as pessoas e os livros. Bela vivia uma vida de princesa até que o pai foi surpreendido por uma tempestade em alto-mar, perdeu o navio com as mercadorias que comercializava e, com elas, toda a sua fortuna, restando à família apenas uma casa modesta e distante da cidade.

A derrocada financeira da família deixou as duas irmãs mais velhas revoltadas, descontando cruelmente suas frustrações na doce Bela e em seu pobre pai. Generosa, a moça suportava tudo calada e fazia todos os serviços da casa, sem ajuda e sem se lamentar.

Desesperado para encontrar uma solução para os seus problemas, o pai de Bela viaja para uma cidade onde, ouvira dizer, poderia fazer bons negócios. Entusiasmadas com a simples possibilidade de voltarem a ter o luxo de antes, as duas irmãs mais velhas fazem ao pai uma série de pedidos – vestidos novos, joias e sapatos. Bela, compreendendo as dificuldades do pai, pede que ele lhe traga apenas uma rosa.

Na volta para casa, o pai de Bela decide colher uma linda rosa que vê no jardim de um palácio, mas é pego em flagrante pela fera que lá morava. Como castigo, a fera exige que o comerciante lhe entregue uma das filhas para devorar. Ao saber do acontecido, Bela é a única que se dispõe ao sacrifício a fim de salvar a vida do pai.

Quando Bela chega ao palácio da fera, o monstro é imediatamente tomado de amor por ela e, em vez de devorá-la, passa a tratá-la com carinho, presenteando-a com os mais ricos presentes e cortejando-a como a uma verdadeira princesa. Bela, apesar de achá-lo feio e pouco inteligente, aos poucos acaba se afeiçoando ao monstro.

Um dia, Bela pede à fera que a deixe visitar a família. Muito a contragosto, a fera cede aos apelos da moça, com a condição de que ela retorne em uma semana. Mas quando as irmãs mais velhas reencontram Bela e percebem que ela está bem, bonita e bem-vestida, ficam com inveja e a convencem a não voltar na data combinada, esperando que a fera enfim a devorasse.

Durante a noite, Bela sonha que a fera está morrendo. Preocupada e arrependida, volta imediatamente ao palácio e encontra o monstro morrendo no jardim. Comovida, ela percebe que não pode mais viver sem ele, e, ao expressar seu amor pela fera, o feitiço que havia sobre o monstro se desfaz, ele se transforma num lindo príncipe, os dois se casam e vivem felizes para sempre.

A chave principal dessa história que acabei de relatar está fundamentada na questão da aparência. As filhas mais velhas do mercador orientam todo o seu comportamento pela aparência: os vestidos, os sapatos, as joias e o dinheiro. Enquanto Bela, em oposição a isso, consegue enxergar, por trás da aparência asquerosa do monstro, o carinho e a delicadeza de um príncipe. Bela não se orientou pela aparência e sim pela essência da fera.

As aparências enganam

Mesmo aqui, no mundo real e atual, há moças à espera ou em busca de um príncipe encantado, valendo-se dos mesmos atributos que as irmãs de Bela: gastam boa parte de seus rendimentos em lojas de roupas, sapatos, acessórios, cosméticos, no salão, na academia e em clínicas de tratamentos estéticos. As justificativas variam, mas boa parte delas aposta na aparência como atrativo para um bom marido ou até um bom emprego.

Mas não são só as mulheres que se deslumbram com o mundo das aparências e do consumo por impulso. Possivelmente você conhece alguém que prefere morar em uma casa de alto padrão, porém alugada, com um carro de luxo na garagem, mas financiado em diversas prestações, só para construir uma imagem que considera perfeita.

Entre esses perfis, é comum encontrar gente que já adotou o cheque especial como segunda fonte de renda, já está há algum tempo driblando o pagamento dos inúmeros cartões de crédito que possui, entre outras formas de endividamento.

Para quem quer ter dinheiro, é um perigo prender-se às aparências, pois sustentar uma vida de aparência mais rica do que se pode ou do que se deveria é o modo mais fácil de desrespeitar o dinheiro e fazer com que ele suma de nossa vida.

Costumo dizer que uma estratégia realmente eficaz para quem quer ter dinheiro é viver sempre um degrau abaixo do padrão de vida que poderia sustentar. Porque, agindo dessa forma, sempre terá uma margem de dinheiro para poupar e crescer.

Já o contrário, viver sempre um degrau acima do padrão de vida sustentável, levará você, inevitavelmente, a um déficit que, acumulado ao longo da vida, o deixará sempre sem dinheiro.

Meu objetivo é ajudá-lo a perceber como é possível gastar menos do que ganha, sem abrir mão de seus sonhos e ainda se preparar para o futuro. Antes, proponho que a gente se conheça um pouco mais.

O que o motiva a comprar?

Para iniciarmos esse processo de avaliação financeira, é importante que você faça um exercício de autoconhecimento. Vamos lá, confesse: você tem ou já teve uma esteira ergométrica que virou cabide porque nunca foi usada? Exagerou na compra de sapatos na liquidação, escolhendo modelos parecidos e que na estação seguinte saíram de moda? Se arrependeu de comprar aquele celular ultramoderno, com tantos recursos, que você nem sabe direito como utilizar?

Se você respondeu sim para alguma dessas perguntas, fique tranquilo e saiba que não é a única pessoa a ter agido assim. Mas percebe que os exemplos acima são típicos de compras por impulso, provavelmente motivadas por um desejo de satisfação imediato e de duração momentânea, geralmente breve? Logo a febre que gerou o desejo incontrolável de ter a qualquer custo passa, e o que era imprescindível vai parar em um canto do armário.

Esses são exemplos clássicos do que eu chamo de "dívidas sem valor", aquelas que resultam quase sempre de compras por impulso de coisas que não agregam nenhum valor às nossas vidas.

O ato de consumir não é a questão. Mas o consumismo, sim, pode ser um problema grave. Ele se instala quando a decisão de consumir passa a funcionar no "piloto automático", sem a intervenção do pensamento lógico e da ponderação necessária. É quando a pessoa substitui o pensamento racional ("Penso, logo existo") pelo irracional ("Compro, logo existo").

Por isso, é importante que você se pergunte qual é o verdadeiro valor que as coisas que deseja comprar têm para sua vida. Sei que estabelecer o que tem ou não valor é uma tarefa difícil, já que isso é algo muito subjetivo e pode variar de pessoa para pessoa.

Dívidas de valor são aquelas aquisições que ajudam a ampliar seu patrimônio material, como um imóvel, ou aquelas que ampliam seu repertório cultural e profissional, como um curso de pós-graduação, que além de elevar o seu nível de conhecimento pode levar a um aumento de renda. Já as dívidas sem valor são aquelas que não oferecem contrapartida relevante.

Você já parou para pensar que talvez a prestação da sua casa ou do carro ou a mensalidade da escola do seu filho (que são dívidas de valor) estejam atrasadas porque você tem queimado os seus recursos em dívidas sem valor? E justamente porque elas parecem inofensivas você não consegue controlar os gastos e acaba não percebendo que esse tipo de gasto está minando sua chance de fazer escolhas melhores.

Pense bem: você não merece torrar tudo o que ganha em pequenas coisas e depois viver na corda bamba dos parcelamentos, dos empréstimos bancários, dos cheques especiais e das faturas do cartão de crédito.

Por isso, sugiro que faça uma análise das dívidas que já adquiriu e reflita sobre as verdadeiras razões que motivam seu desejo de consumir. Só assim conseguirá identificar comportamentos que podem colocar em risco sua saúde financeira.

Sonho de consumo ou desejo de status?

Pode ser que você argumente dizendo que não gasta com supérfluos, mas tem gastos maiores devido ao seu gosto mais refinado. Aposto como você não pensa duas vezes diante da possibilidade de ter um carro novo, mais potente, mais luxuoso, nem que para isso tenha de investir todo o seu 13º terceiro salário, férias, o tão esperado aumento de salário ou até fazer um financiamento a perder de vista.

E aí eu pergunto: "Não é uma contradição financiar um carro de luxo? Esse tipo de bem pressupõe que você tenha condições para ter e manter esse luxo". Se você não tem dinheiro para comprar um automóvel sofisticado, sem que para isso tenha de se endividar por cinco anos, talvez seja o caso de manter o carro no padrão atual, poupar e só mais tarde, quando realmente tiver meios concretos para isso, dar esse novo passo.

Além disso, carros mais potentes e luxuosos significam também maior consumo de combustível, custo maior de manutenção e seguro muito mais alto, além de maior vulnerabilidade à violência urbana. Portanto, ao tomar a decisão de comprar um modelo mais sofisticado, é preciso ter certeza de que será possível arcar com os custos adicionais acarretados pela aquisição.

Pode ser que, ainda assim, você use outro argumento comum entre os que consomem impensadamente: "Eu me mato de trabalhar o ano inteiro. É mais do que justo que me permita alguns mimos"; "E se eu morrer daqui a pouco? Meu dinheiro vai ficar aqui, não levarei nada comigo. Tenho de aproveitar. Terei ao menos curtido os pequenos prazeres da vida".

Não quero ser estraga-prazeres, mas já parou para pensar que você pode viver até os cem anos de idade? Imagine você, à beira dos 70 anos, prestes a apagar as velinhas e dizendo a todos: "Ai, meu Deus, cheguei até aqui, e agora? Não aguento mais trabalhar como antes. O que farei para me sustentar até os cem anos? Como vou manter meu padrão de vida, se meu corpo e minha disposição não são mais os mesmos? Por que eu não me preparei para o futuro? Ah, foi porque eu achei que ia morrer logo e, quem diria, tive o 'azar' de ultrapassar a casa dos 70. E agora?".

Nem precisamos ir tão longe. E se a partir de hoje você não recebesse mais o seu ganho mensal? Por quanto tempo conseguiria manter seu atual padrão de vida?

O interessante da educação financeira é que ela não se limita a uma visão puramente matemática. É um conhecimento que leva a pessoa a um processo de conscientização e que resulta em uma mudança de atitude.

Você pode usufruir o presente com mais tranquilidade se criar uma reserva estratégica para uma eventual emergência. E, melhor ainda, pode programar como quer viver no futuro, financeiramente independente, fazendo desde já uma poupança para os bens que pretende ter e para uma aposentadoria digna e sustentável.

Sei que sua cabeça está borbulhando. Você mal parou para entender o que está fazendo com seu dinheiro no presente e estou eu aqui falando do futuro. Mas, antes, quero convidá-lo a fazer uma pausa, dar um passo atrás. Às vezes, para avançar é necessário rever nossa história pessoal, dar uma espiada no passado de nossos ancestrais. Aceita meu convite?

Transforme sonhos em realidade

Quais são os seus sonhos?

Comprometa-se com seus sonhos.

Como incluir os sonhos no orçamento.

Quais são os seus sonhos?

Quantas vezes você já abriu mão das coisas por achar que não as merecia? Quantos sonhos já deixou de realizar por imaginar que não estavam ao seu alcance? E quantas frustrações já acumulou ao longo da vida dando passos maiores do que as pernas?

Para chegar a um equilíbrio é importante se conhecer melhor, saber de onde vem o seu comportamento e suas principais crenças em relação às finanças.

Experimente, a título de autoconhecimento financeiro, traçar sua árvore genealógica, investigando como era o comportamento que seus pais, avós e bisavós tinham em relação ao dinheiro.

Será que seus antepassados morreram endividados ou com posses? Tiveram uma velhice digna ou dependeram de outras pessoas? Com essas informações, procure identificar com que histórico você se assemelha mais e se há mudanças de comportamento a fazer para ter um futuro tão ou mais promissor.

Algumas perguntas podem ajudar nesse processo:

Quais são seus planos de vida?

O que deseja para si?

Na infância, o que dizia que seria quando crescesse?

Conseguiu se tornar pelo menos parte do que imaginava?

Conquistou o que queria ter?

Mora onde gostaria?

Esteve nos lugares que sempre sentiu vontade de conhecer?

Viajou pelo mundo?

Mudou de cidade?

Enfim, quais sonhos já realizou e quais ficaram para trás?

Se as suas respostas não o satisfazem, não tenha medo de aceitar que as coisas não vão bem. Anote em um caderno a maneira como tem lidado com o seu dinheiro até hoje.

Depois, deixe a mente fantasiar a sua vida no futuro, daqui a 20 ou 30 anos. Escreva sobre como e onde gostaria de estar, o que deseja se tornar como pessoa, que aprendizados e experiências de vida quer ter para contar.

Ao refletir um pouco mais sobre como vem se comportando em relação ao dinheiro, talvez fique mais fácil fazer um acerto de contas com o passado e projetar os sonhos que você quer realizar no futuro.

Comprometa-se com seus sonhos

Agora que você resgatou sonhos adormecidos e identificou novos desafios para sua vida, é importante saber de que recursos necessita para realizá-los. Para o sonho não há limites, mas na vida real precisamos dar uma dimensão concreta ao que queremos, pois só assim as conquistas estarão realmente ao nosso alcance.

Não importa o tamanho ou o preço dos seus sonhos. O importante é saber quanto eles custam e estabelecer um prazo para conquistá-los, seguindo o princípio de realidade e sem cair no imediatismo ou no adiamento infinito.

Se você usar todo o seu dinheiro para satisfazer desejos imediatos, nunca conseguirá acumular uma quantia suficiente para concretizar seus sonhos mais ambiciosos que, naturalmente, precisam de mais tempo para acontecer. Além disso, jamais terá efetivamente dinheiro para se sentir seguro e fazer as melhores escolhas, nos momentos mais oportunos.

Para facilitar a concretização de tudo o que você deseja, divida seus sonhos em três tipos: sonho de curto prazo (até um ano), sonho de médio prazo (até dez anos) e sonho de longo prazo (acima de dez anos). Investigue quanto custa cada um dos três sonhos e depois calcule quanto teria de reservar por mês para realizá-los dentro do prazo determinado.

Feito isso, é hora de ajustar o seu orçamento para que seus sonhos não só caibam nele como sejam priorizados entre todas as demais despesas. Possivelmente você terá de reduzir ou cortar gastos em nome do compromisso que está assumindo consigo mesmo, com a aquisição daquilo que vai agregar mais valor e qualidade à sua vida.

Portanto, não desanime e nem desista diante das dificuldades que certamente vão aparecer. Para realizar seus sonhos, é preciso persistência, dedicação e vontade. Vamos lá, juntos conseguiremos seguir adiante nessa batalha!

Como incluir os sonhos no orçamento

Até posso imaginar você roendo as unhas diante de uma pilha de contas e se questionando: "Como cortar despesas de um orçamento tão apertado e ainda conseguir reservar uma parte para a realização dos meus sonhos?". Confie em mim. Eu garanto que é possível e vou explicar como.

O primeiro passo que ensino a todas as pessoas que assistem às minhas palestras ou me procuram é fazer um Diagnóstico Financeiro. Quando ficamos doentes, sentimos os sintomas da doença, mas não sabemos exatamente que mal nos aflige. Alguns de nós, mesmo sem saber o que temos, buscamos alívio imediato, geralmente com medidas paliativas, que mascaram por um tempo o real problema.

A solução paliativa pode até parecer ter funcionado, mas em pouco tempo a dor volta a incomodar. Se persistimos nesse "autotratamento", podemos perder a oportunidade de curar um problema ainda no início e evitar que a situação se agrave. Já aqueles que procuram um especialista, possivelmente passarão por uma bateria de exames que fornecerão um diagnóstico mais preciso, que certamente resolverá o problema.

Com essa analogia quero dizer que dinheiro é coisa séria. Aos primeiros sinais de que algo não vai bem com sua saúde financeira é preciso fazer um raio X do seu orçamento. E sabe quem é o especialista que vai fazer o diagnóstico da sua saúde financeira? Você!

Você é o maior especialista na maneira como dribla ganhos e gastos. Mas o que eu vou lhe propor como exercício pode trazer resultados que o surpreenderão de duas formas. Negativamente, porque você descobrirá que está jogando dinheiro fora com gastos excessivos ou supérfluos. Positivamente, porque também verá que seu dinheiro pode ser utilizado para comprar coisas que até então você acreditava que não poderia comprar.

Faça o seguinte: durante um mês, no mínimo, faça um apontamento de despesas anotando diariamente todos os seus gastos. Todos mesmos, cada centavo destinado ao cafezinho, guloseima, padaria, supermercado, farmácia, transporte, estacionamento, combustível, etc. Recomendo que você baixe gratuitamente em nosso Portal de Educação Financeira DSOP (www.dsop.com.br) o Apontamento de Despesas, também disponibilizado no primeiro fascículo da **Coleção Dinheiro Sem Segredo**.

É importante que você registre essas despesas por tipo de gastos, por exemplo, padaria. Todo dinheiro gasto na padaria deverá ser registrado em apenas um lugar durante os trinta dias e quando esse período acabar você deverá somar tudo o que gastou com essa despesa e analisá-la.

Da mesma forma, deverá fazer para todas as outras despesas. É preciso conhecer cada centavo gasto nesses trinta dias, portanto nada de agrupar as despesas, mesmo quando elas tenham apenas um pagamento durante o período, como é o caso da energia elétrica, água, gás, telefone fixo, etc. Lembre-se: você está fazendo um diagnóstico financeiro e, portanto, não pode errar.

Junto com os valores gastos em cada item marque a forma de pagamento utilizada: dinheiro, cartão de débito, crédito, cheque, vale-refeição, entre outras. Se você divide as despesas com outras pessoas (pais ou esposa e filhos), é necessário envolvê-los nessa atividade para uma tomada de consciência coletiva.

Ao término de um mês, você saberá como foi gasto cada centavo do seu dinheiro. Este é um momento muito importante. Olhe com atenção para todas as suas anotações. Elas são reveladoras.

Sem perceber, deixamos nosso dinheiro escoar por acreditarmos que pequenos gastos não pesam no orçamento. Na verdade, é comum esses gastos nem serem considerados. Fazer esse autoquestionamento é importante para identificar o que realmente é essencial e o que pode ser facilmente eliminado de nossa vida.

A solução está no autocontrole

Bens de valor e sem valor.

Atenção aos pequenos gastos.

Monte um orçamento realista.

Bens de valor e sem valor

Quando paramos para pensar nos nossos sonhos, é importante levar em consideração o que se configura como um bem de valor e o que se revela ser um bem sem valor algum. Separando o joio do trigo, você terá condições de avaliar melhor o que é um sonho vantajoso, aquele que vale mesmo a pena, e o que não é.

A aquisição da casa própria é um bem considerado de alto valor, pois ele agrega qualidade à sua vida, proporcionando a construção de um futuro mais tranquilo, representando também um aumento do seu patrimônio econômico.

No entanto, uma calça de grife, além de custar caro, meses ou anos depois não terá valor algum como patrimônio, além de não agregar qualidade à sua vida. Portanto, ao estabelecer os seus sonhos e ao realizar suas compras cotidianas, pergunte-se até que ponto vale mesmo a pena adquirir determinado bem material.

Quando faço consultorias financeiras e falo sobre essas questões, algumas pessoas me perguntam: "Reinaldo, seus conselhos servem bem para a conquista dos sonhos materiais, mas como faço para conseguir realizar outros tipos de sonhos que não são vendidos em lojas?".

Bom, esses sonhos são chamados de sonhos não materiais. Neles estão inclusos uma boa forma física, ter um filho, passar num concurso, iniciar um namoro, entre tantas outras coisas boas da vida que não estão à venda em estabelecimentos comerciais.

De fato, essas "dádivas não materiais" não podem ser vendidas nas lojas, mas se você for uma pessoa próspera, que tem sua independência financeira assegurada, terá muito mais condições de viabilizar a conquista desse tipo de sonho também.

Tendo uma reserva financeira sólida, você poderá custear uma atividade física orientada por profissionais ou mesmo bancar uma cirurgia estética a fim de conseguir manter uma boa forma física, se esse for um dos seus sonhos não materiais.

Em outro caso comum, para os que sonham em passar num concurso, é relevante considerar que tendo um bom pé de meia, será viável pagar cursos para a obtenção do sucesso nas provas ou mesmo ficar uns meses sem trabalhar, dedicando-se integralmente aos estudos.

Aí, você me pergunta: "E o sucesso na defesa de um mestrado? A promoção de um cargo na empresa em que trabalho? O êxito no curso de Medicina? Ou mesmo a aprovação no vestibular de uma universidade pública?".

Costumo dizer que para galgar todos esses sonhos não materiais você precisará adquirir livros, quase sempre caros, participar de cursos extracurriculares que também terão seu preço ou mesmo bancar aulas particulares com mestres na área em que você pretende se capacitar para ser bem-sucedido.

Com tudo isso, minha intenção é informá-lo de que apesar de não estar nas vitrines das lojas, a caminhada para a realização dos sonhos não materiais é mais fácil se você tiver dinheiro. A essa altura, você deve estar pensando: "Mas e o sonho de casar, ter filhos, fazer amigos? Eles me parecem tão distantes que, às vezes, acho que são coisas que dependem somente de sorte".

Pois digo que mesmo esses sonhos ficam mais acessíveis se você tem dinheiro para arcar com os custos de uma linda festa de casamento, uma boa maternidade onde seu filho possa nascer com a assistência médica necessária ou mesmo ter no bolso uma quantia livre para passear aos fins de semana e frequentar lugares onde poderá conhecer pessoas novas.

Essas reflexões são fundamentais para que você possa traçar os seus objetivos daqui por diante, com mais clareza e chance de êxito. Portanto, ao colocar os seus sonhos no papel, sejam eles materiais ou não materiais, pondere a durabilidade e o valor que eles irão agregar em sua vida. Depois, determine um prazo concreto para a efetivação de cada um e comece a lutar para atingir as metas traçadas.

Assim, ao abdicar da aquisição de produtos sem valor, tenha a certeza de que está trocando um prazer momentâneo por algo muito maior e mais importante: o seu sonho. E lembre-se sempre de que quando você se guia por impulso, a chance de errar é muito maior.

Atenção aos pequenos gastos

Na corrida pela redução de custo, é importante considerar também que as despesas de pequeno porte, aquelas que passam despercebidas, são, na verdade, bem concretas e podem estar pesando no seu bolso.

São gastos quase invisíveis que você paga distraidamente, como é o caso dos R$ 0,60 por um chiclete, R$ 2,50 por uma água mineral, R$ 3,00 por um cafezinho, R$ 1,50 por uma trufa, R$ 5,00 por uma bola de sorvete e por aí vai.

As pessoas precisam considerar que são justamente esses gastos menores, que não costumamos notar, que podem transformar-se no estopim do estouro de seus orçamentos mensais e até anuais. O costume de tomar aquele cafezinho, matinal ou logo após o almoço, a opção pelo cardápio das sobremesas e outros hábitos corriqueiros como o chiclete, o cigarro e o chocolate podem custar caro no final do mês.

São R$ 3,00 aqui, mais R$ 5,50 ali, e quando você vai fazer o somatório de tudo isso percebe que muitos desses itens acabam por obstruir a sua meta, que é ter dinheiro e realizar sonhos.

As despesas menores em princípio podem parecer irrisórias e inofensivas quando vistas como consumos isolados, porém ao abrir a lente do microscópio é fácil notar que a quantia acumulada para alimentar esses vícios cotidianos faz diferença no seu bolso.

A gordura dos custos está nos detalhes, nos excessos que você comete e que passam desapercebidos. Se você está pensando que, ainda assim, não há muito o que cortar, eu alerto para as pequenas situações domésticas em que o desperdício também pode se revelar uma despesa de pequeno porte que, ao final do mês, torna-se relevante.

Vejamos: um banho mais demorado; a torneira aberta quando você está escovando os dentes; as luzes de casa acesas quando ainda é dia; a comida que sobra do almoço e fica na geladeira por dias até estragar; a porta da geladeira aberta sem necessidade e tantas outras práticas que, direta ou indiretamente, custam alguns reais.

Isso sem falar nas taxas de conveniência quando você adquire ingressos por telefone, na anuidade dos cartões de crédito, na assinatura da linha telefônica ou da TV a cabo, entre outros produtos e serviços que talvez não sejam tão essenciais assim.

Esteja atento também aos pacotes de serviços. Ao entrar em contato com uma empresa para adquirir o direito ao uso da internet, o vendedor informa que por mais R$ 39,90 você pode ter acesso também a vários canais de TV por assinatura. E que por "apenas" mais R$ 13,40 você pode aderir ao plano top do pacote de serviços, que dará direito a participar de sorteios quinzenais e pontos acumulados no cartão de bonificação e por aí vai.

No fim das contas, o que seria somente a adesão a um plano com acesso à internet se transforma num pacote de serviços de cujos "benefícios" ofertados você não utilizará nem a metade.

Conforme o dito popular: "De grão em grão a galinha enche o papo". Portanto, entenda que de pequenas despesas em pequenas despesas o seu dinheiro vai se acumulando no bolso dos outros, em vez de se aninhar no seu. E eu garanto que ao somar essas despesas você terá uma quantia considerável armazenada em sua conta bancária.

Monte um orçamento realista

Agora que você já passou por dois importantes exercícios, fazer três sonhos e definir um diagnóstico dos seus gastos, chegou o momento de montar o seu orçamento.

Para isso, preste muita atenção, pois o orçamento da Metodologia DSOP de Educação Financeira não é aquele em que você registra o que ganha e subtrai o que gasta e "se sobrar, está no lucro, se faltar, está no prejuízo". Orçamento para nós é o retrato da maneira como você planejou gastar o seu dinheiro. Por isso, no Orçamento da Metodologia DSOP os gastos mensais para a realização de cada um dos três sonhos aparecem sempre em primeiro plano.

Assim, em primeiro lugar você deve lançar o valor total líquido dos seus ganhos e dele subtrair a soma do valor mensal que será destinado para a concretização dos três sonhos. O saldo resultante dessa conta é o que você terá para pagar as demais despesas. É importante também registrar todas as prestações contraídas e parceladas a serem pagas nos meses seguintes, que devem vir antes das despesas. A partir de agora, esse será o seu padrão de vida. Essa é a hora de repensar e reduzir gastos, negociando isso com os demais membros da família.

A solução está no autocontrole

É claro que essa metodologia não pretende que você corte itens essenciais só para garantir a reserva destinada aos seus sonhos. Justamente por isso é que fazemos o diagnóstico, para identificar os gastos com o que não é essencial e o que deve ser evitado.

Também não quero que você fique escravo de uma condição que comprometa o seu bem-estar. Mas é preciso bom senso para não colocar novamente em risco a reserva para a aquisição daquilo que poderá representar um salto qualitativo e que foi decidido após muita reflexão.

Ao passarmos por um longo período comprando de forma inconsciente, ficamos com a sensação de que tudo é essencial. Mas, a rigor, as despesas essenciais são aquelas importantes para a sua sobrevivência e a de sua família: alimentação, moradia, vestuário, transporte, água, luz e gás, basicamente.

Durante o período de ajuste do seu padrão de vida podem ser cortadas despesas com viagens, passeios, brinquedos, cosméticos, salão de beleza, bebidas alcoólicas, jornais, revistas, livros, CDS, DVDs, figurinhas, chocolates, balas, chicletes, restaurantes, lanchonetes, etc.

Também chamo a atenção para as despesas que afetam a autoestima de membros da família, como o salão de beleza da mulher ou o futebol no final de semana do homem, que podem ser reduzidas mas com muito cuidado pois sua ausência pode prejudicar a saúde dos mesmos.

Você e sua família se habituaram a fazer compras no supermercado mais caro da região e têm calafrios só de pensar em comprar numa loja mais popular? Acostumaram-se a comer a pizza mais cara do bairro e sentem-se derrotados só de pensar em fazer seu pedido naquela outra pizzaria, da esquina, mais barata? Não abrem mão de determinada marca de sabão em pó, mesmo havendo outras, muito similares e mais baratas, à venda?

Todos esses comportamentos deverão ser combatidos. Essa é a oportunidade que vocês têm de serem surpreendidos, positivamente, com outros modos e perspectivas de consumo. Mesmo entre os itens que considerarem essenciais pode haver meios de economizar.

Pode ser também que você perceba que o planejamento dos seus sonhos precise de alguns ajustes. Alongar um pouco mais o tempo de cada conquista pode ser uma saída para não dar passos maiores do que as pernas e transformar o sonho em pesadelo.

Não pense que por estar se reeducando terá de abrir mão de todos os seus prazeres ou se tornar uma pessoa avarenta e mesquinha. É claro que você pode, e merece, se dar de vez em quando algum tipo de gratificação. Mas sem perder a medida das coisas e cuidando sempre para que a realização daquele desejo não ponha seus sonhos maiores e seu equilíbrio financeiro a perder.

Reduzir o consumo é possível

Resista às tentações.

As armadilhas do crédito fácil.

Poupar vale a pena.

Roteiro do consumo responsável.

Resista às tentações

Quando estiver diante de uma vitrine e achar que vai morrer se não comprar determinado produto, pense que só se morre pela falta de algo essencial. Você precisa ser capaz de controlar as compras por impulso, concentrando-se no essencial, procurando sempre as melhores condições possíveis e evitando todo excesso de gasto que possa vir a comprometer o planejamento dos seus três sonhos.

Uma dica que pode ajudá-lo nesse processo é se fazer algumas perguntas, sempre que sair às compras:

Eu realmente preciso desse produto?

O que ele vai trazer de benefício para a minha vida?

Se eu não comprar isso hoje, o que acontecerá?

Estou comprando por necessidade real ou movido por outro sentimento, como carência ou baixa autoestima?

Estou comprando por mim ou influenciado por outra pessoa ou por uma propaganda sedutora?

Garanto que ao responder com honestidade a essas perguntas você conseguirá distinguir claramente o valor real de cada coisa nas situações de compras que surgirem. E, se após esse questionamento você concluir que realmente precisa realizar a compra, seria prudente fazer ainda mais algumas perguntas, como:

De quanto eu disponho efetivamente para gastar?

Tenho dinheiro para comprar à vista?

Precisarei comprar a prazo e pagar juros?

Tenho o valor referente a uma parcela, mas o terei com certeza daqui a três, seis ou doze meses?

Preciso do modelo mais sofisticado ou um básico, mais em conta, atenderia perfeitamente à minha necessidade?

Perceba, no entanto, que só responde com precisão e convicção a essas perguntas quem tem total controle do seu orçamento. Para saber de quanto dispõe, não basta saber o saldo bancário e fazer umas contas mentais do que ainda tem para cair e de quanto sobrará.

Aliás, não confie em contas mentais. Elas sempre nos traem. Um item importante pode ficar de fora nessa nuvem de lembranças contábeis (como um cheque pré-datado, uma compra no crédito que ainda não tinha sido lançada no extrato do cartão quando você o consultou, entre tantas outras armadilhas) e colocar tudo a perder.

Você precisa saber se no planejamento que fez, com base no seu diagnóstico financeiro e na construção do seu orçamento, caberá mais um gasto à vista no mês ou uma compra no cartão para o mês seguinte (somada às demais já feitas), ou ainda um financiamento para os próximos meses que não ultrapasse a capacidade de pagamento de outros parcelamentos.

Parece básico, mas a falta de atitudes como essas leva muita gente à inadimplência e a ver a reserva feita para a realização dos seus sonhos ser diluída com o pagamento de dívidas não planejadas. Portanto, é fundamental que você memorize estes conceitos:

Quem conhece os próprios números é capaz de gastar menos do que ganha.

Quem gasta menos do que ganha é capaz de eliminar as dívidas.

Quem elimina as dívidas é capaz de guardar dinheiro.

Quem guarda dinheiro constrói sua independência financeira e pode oferecer mais conforto aos seus familiares.

As armadilhas do crédito fácil

Eu sei que é difícil resistir ao assédio do consumo, às propagandas estrategicamente elaboradas e à tentação de tantas facilidades disponíveis de crédito, especialmente em relação aos meios eletrônicos de pagamento. Mas é meu dever alertá-lo sobre o real preço que se paga por essas facilidades e os riscos de endividamento embutidos nelas. Vamos lá?

Evite usar o limite do especial. Se possível, nem o tenha

O limite do cheque especial é uma linha pré-aprovada de crédito que fica à sua disposição na conta-corrente e pode ser utilizada a qualquer instante. Certamente, quase 100% dos correntistas do Brasil já recorreram pelo menos uma vez ao cheque especial. Porém, a grande maioria dificilmente saberia responder quanto já pagou de juros por utilizar esse serviço ao longo de sua história bancária.

É claro que nenhuma instituição financeira empresta o dinheiro por bondade. Trata-se de um negócio. Então é bom você verificar a taxa cobrada pelo seu banco e saber que quando utiliza R$ 100,00 do seu limite é como se estivesse "comprando" esse valor por R$ 110,00, R$ 120,00 ou até R$ 130,00. Se você tem um rendimento mensal equivalente ao limite do seu cheque especial e utiliza esse limite com frequência, saiba que a cada oito meses você está dando praticamente um salário ao sistema financeiro. No caso de um assalariado que trabalha 12 meses e recebe 13º salário, fica anualmente com apenas 11 salários, porque dois deles são devorados pelo cheque especial. Você acha isso um bom negócio?

Atenção com o "saldo disponível" que aparece no extrato bancário

Essa é uma "pegadinha" comum e que acaba confundindo muitas pessoas. Tem banco que usa a expressão "saldo disponível" ou "limite disponível" no extrato dos seus clientes para informar o valor que está livre para ser utilizado, já acrescido do valor do limite do cheque especial.

Somente um pouco mais abaixo é feita a discriminação do saldo real (negativo ou positivo), do valor do limite do cheque especial e do saldo disponível dentro do limite do cheque especial (descontado o que já foi usado).

O valor real do saldo que é seu e não o que inclui o dinheiro do banco nem sempre é facilmente identificado e confunde muita gente, que enxerga o dinheiro do banco como se fosse seu. Para não cair nessa ilusão de óptica é preciso controlar bem a movimentação bancária, e se necessário, ao imprimir o extrato, escreva em azul MEU DINHEIRO, onde está o seu saldo real, e em vermelho DINHEIRO DO BANCO, onde aparece o valor disponível do limite.

Cartão de débito estimula o uso de cheque especial

Se você é do tipo que evita usar o cartão de crédito para pagar tudo com o cartão de débito e assim fugir dos juros do cartão de crédito, que são os mais altos do mercado, saiba que só estará agindo de forma exemplar se o débito sair de um saldo bancário realmente seu. Pois, se o débito estiver saindo do limite do cheque especial, você estará trocando seis por meia dúzia.

Apesar de os juros do cheque especial serem relativamente mais baixos em comparação aos do cartão de crédito, trata-se igualmente de um empréstimo. Portanto, não se iluda. Se o seu dinheiro acabou antes do fim do mês, é evidente que você gastou mais do que podia. O dinheiro do cheque especial não é seu, não faz parte do seu salário. Ao contrário. Os juros que pagará por esse empréstimo terão de sair dos seus rendimentos. E se você estiver abusando desse recurso, cedo ou tarde terá de arcar com as consequências.

Cartão de crédito: aliado ou vilão?

Esse pedaço de plástico é visto como o grande vilão do endividamento dos brasileiros porque nem todo mundo aprendeu a lidar com tal meio de pagamento de forma adequada. Então, as financeiras viram nesse despreparo uma oportunidade de negócio: cobram juros abusivos de quem não consegue quitar os gastos nas datas de vencimento.

É fato que o cartão de crédito proporciona muitas facilidades: é aceito em praticamente todos os estabelecimentos comerciais, permite parcelar tudo em quantas vezes se desejar, sem que nem vejamos o dinheiro sair da carteira ou da conta-corrente. E são justamente essas facilidades que iludem aqueles que compram com o cartão sem nenhum controle, como se nunca fossem precisar tirar dinheiro da carteira para pagar por suas compras.

Quem tem um orçamento bem planejado e sob controle sabe o limite que poderá gastar no cartão seja para as compras à vista, para as lançadas 30 dias depois ou para as parceladas, que se acumularão com outras parcelas. Aliás, essa pessoa sabe, principalmente, que terá de ter dinheiro na data do vencimento.

Mas aqueles que gastam mais do que podem passam a ter dificuldades para pagar em dia ou para pagar a totalidade da dívida. E aí entram num ciclo de endividamento que começa com o pagamento da parcela mínima, que gera juros que se acumulam ao valor de novas compras.

Sem falar que é muito comum que, ao ter dificuldade de pagar o cartão que vinha usando, a pessoa se lembre de um outro, que chegou pelo correio e ainda não tinha sido desbloqueado. Não percebe que se não está conseguindo arcar com os custos de um cartão, certamente não conseguirá pagar por dois. E em pouco tempo está fazendo empréstimos ou usando o limite do cheque especial para pagar o cartão.

Para se ter uma ideia, uma única dívida de R$ 150,00 no cartão, a uma taxa de 9% ao mês, transforma-se em uma bola de neve de aproximadamente R$ 4,6 milhões em dez anos.

Há caminhos para sair dessa situação assustadora, mas não é melhor evitar chegar a esse extremo? Não adianta tapar o sol com a peneira: a única forma de evitar cair numa armadilha desse tipo é se controlar diante de apelos e impulsos de consumo e pagar as suas faturas sempre em dia.

Quem paga juros tem menos dinheiro

Não seja ingênuo. Nenhuma loja financia o produto que você deseja no carnê porque quer ajudá-lo. O objetivo do comércio é vender, mas alguns estabelecimentos acabaram se dedicando às vendas a prazo e à cobrança de juros embutidos nas prestações.

Na prática, o verdadeiro negócio dessas grandes lojas talvez seja simplesmente vender crédito direto ao consumidor, ou seja, emprestar dinheiro para você adquirir a mercadoria de que precisa. Mas se trata de um crédito em geral muito mais caro do que o vendido pelos bancos.

A fórmula é simples: quem tem prestações tem dívidas, quem tem dívidas paga juros, quem paga juros tem menos dinheiro e quem tem menos dinheiro realiza menos sonhos.

O custo da ansiedade

Às vezes, o custo da compra fica maior do que se imaginava porque há custos indiretos que não foram considerados. Digamos que você não quer esperar até ter dinheiro suficiente para comprar uma TV nova e resolve comprar no crédito, pagando um preço mais alto para ter o bem imediatamente.

Você faz as contas e imagina que a prestação cabe tranquilamente no seu orçamento. Mas na pressa se esquece de avaliar se tem o móvel ou suporte adequado para esse novo equipamento. Também não considerou que, com uma TV mais moderna, ficará tentado a adquirir um pacote de TV a cabo, por exemplo. Ou seja, não contabilizou os custos indiretos, que podem comprometer o planejamento do orçamento.

Poupar vale a pena

Quando o assunto é dinheiro, as pessoas pensam, muitas vezes, que existe uma fórmula mágica ou um mapa da mina cheio de segredos capazes de levá-las à riqueza. No entanto, na vida financeira as atitudes mais simples podem nos levar aos melhores resultados.

Até aqui procurei mostrar que você precisa sair do automatismo, enxergar o que de fato merece, listar seus sonhos, efetuar o diagnóstico das suas despesas, fazer os cortes necessários, priorizar seus sonhos, mudar seus hábitos, planejar, tomar suas próprias decisões e controlar o seu dinheiro. Essas são ações estratégicas para se tornar uma pessoa próspera. Mas de todas elas, a mais importante é poupar.

Para ter dinheiro, a atitude mais eficiente que você pode ter é segurá-lo bem firme, retê-lo em suas mãos e guardá-lo a setes chaves. Além de evitar o desperdício, é preciso proteger o patrimônio com uma reserva para imprevistos e fazer o dinheiro se multiplicar por meio de aplicações financeiras.

Juros a nosso favor

Não há nada mais inteligente do que usar os juros a seu favor. Uma alternativa é abrir uma caderneta de poupança e passar a depositar, disciplinadamente, no mínimo 10% da sua renda mensal. A poupança é o mais simples dos investimentos, e quando alimentada mensalmente pode assegurar um montante considerável de dinheiro. No entanto, é recomendável diversificar os investimentos e não concentrar todo o seu dinheiro em uma única instituição financeira.

Quando o seu montante atingir uma quantia considerável, é aconselhável buscar orientações sobre outras opções de investimentos. Um bom especialista na área poderá ajudá-lo a fazer as melhores escolhas de aplicação.

Aprenda a distribuir seu dinheiro em, pelo menos, três tipos de investimento: um para os sonhos de curto prazo (caderneta de poupança); outro para os sonhos de médio prazo (CDB, tesouro direto, fundos de investimento, ouro, etc.); e finalmente outro para os sonhos de longo prazo (previdências social e privada, tesouro direto, imóveis, etc.).

Quem poupa compra à vista

Além de destinar parte do que você ganha para aplicações financeiras, há outras formas simples e corriqueiras de economizar ou não desperdiçar, que também são sinônimos de poupar. Comprar à vista com desconto é uma forma de poupar. Se você analisar criticamente, verá que poucas aplicações financeiras proporcionam rentabilidade de 10% ao ano, algo que pode ser facilmente conquistado em uma boa negociação nas compras à vista.

Se você é do tipo que tem vergonha de pedir desconto, preste atenção: todo produto ou serviço tem uma margem de preço embutida que pode – e deve – ser negociada. Por que você acha que o mesmo produto é vendido em determinada loja em certo momento do ano por R$ 100,00 e em outro por R$ 75,00 ou até R$ 55,00? Porque existe um custo real e um valor de troca.

Para que você tenha uma ideia mais concreta da vantagem econômica da compra à vista, mesmo sem desconto, é importante conhecer o efeito devastador dos juros nas compras a prazo. Se você pretende comprar um carro de R$ 25 mil em 60 parcelas de R$ 700,00, ao fim desse período terá pago R$ 42 mil, o que corresponde praticamente ao valor de dois automóveis.

No entanto, se decidisse guardar dinheiro para comprar o carro à vista, fazendo depósitos mensais do mesmo valor na poupança, em três anos e nove meses teria acumulado o recurso suficiente para comprar o tão sonhado carro. E o melhor, sem dívidas ou prestações a perder de vista.

Porém, em qualquer uma das condições de compra é fundamental ter consciência de que o carro é um tipo de bem que quando sai da loja já passa a valer 10% menos. Considerando um ano de uso, ele terá tido uma depreciação de mais 10%. Ou seja, seu carro, em um ano, já valerá 20% menos do que quando você o comprou.

O mesmo raciocínio deve ser adotado para quem sonha com a casa própria. Trata-se de um investimento de maior porte e de longo prazo. O brasileiro passa mais de 30 anos de sua vida comprometendo parte significativa de sua renda com a dívida de um imóvel. E o pior: muitas vezes sujeita-se a juros abusivos e nem percebe que, ao final do parcelamento, pagou por três casas e ficou somente com uma.

Se tivessem o hábito de guardar dinheiro para os sonhos, certamente seria possível comprar uma casa à vista em até 1/3 do tempo que se leva para tê-la por meio do financiamento.

Para alguém que decida comprar um apartamento de 100 mil, não basta saber que o valor da prestação será de 1 mil. É preciso ter claro que o custo final do imóvel, que seria de 100 mil, pode saltar para mais de 350 mil, se financiado em 30 anos.

No entanto, se a pessoa decidir poupar o equivalente à prestação (pouco mais de 1 mil), terá acumulado 100 mil em apenas seis anos. Mesmo com a atualização do valor do imóvel nesse período, é possível comprar uma casa em muito menos tempo por um valor bastante inferior àquele pago ao final do financiamento.

Esses são exemplos de maior valor, mas você pode adotar a prática de pesquisar preços e sempre que o produto desejado não couber no orçamento de imediato, poupar durante um tempo para comprá-lo à vista por um preço melhor, porém caso o valor do aluguel e o valor da prestação sejam equivalentes, certamente o melhor a fazer é financiar.

Roteiro do consumo responsável

Tudo o que você leu e aprendeu neste livro nada mais é do que o resultado das minhas experiências pessoais. Foi assim que sempre procedi em minha vida, desde a compra da minha primeira bicicleta, para a qual guardei cada centavo. Quando fui realizar meu grande sonho de criança, além de levar a bicicleta tive a surpresa de ganhar um desconto por estar pagando à vista.

Com o valor economizado, fiz uma poupança para um novo sonho e assim comecei um ciclo de prosperidade na minha vida que deu origem à Metodologia DSOP de Educação Financeira, por meio da qual compartilho hoje com você o meu aprendizado e o meu sucesso.

Confira, a seguir, mais algumas dicas preciosas, que certamente vão ajudá-lo a gastar menos do que ganha e, dessa forma, você poderá conquistar a tão sonhada independência financeira.

• Reserve pelo menos 10% dos seus rendimentos mensais para imprevistos.

• Tente identificar o real sentimento que existe por trás do desejo de comprar.

- Separe o que é essencial do supérfluo. Pergunte-se se o produto que deseja comprar trará benefícios à sua vida. Será que você já não tem algo semelhante?

- Se tiver dúvida entre comprar ou não comprar, deixe para o dia seguinte. Se for algo realmente importante, você voltará ao local para adquiri-lo.

- Pesquise antes de comprar em pelo menos cinco lugares diferentes, inclusive na internet.

- Estabeleça valores (verbas) para seus gastos. Isso o ajudará a não exagerar nas compras.

- Pergunte sempre pelo preço à vista e negocie um desconto.

- Não aceite a clássica resposta "é o mesmo preço à vista". Se um produto custa R$ 1 mil e pode ser parcelado em 10 vezes de R$ 100,00, certamente à vista custará de 10% a 20% menos. É uma questão de negociar.

- Se não tiver dinheiro para comprar, pesquise o preço e comece a poupar até que tenha a quantia necessária para efetuar a compra à vista.

- Tenha limites de crédito inferiores aos seus rendimentos.

- Procure conhecer produtos similares. Muitas vezes eles são mais baratos e têm a mesma qualidade.

- Se for preciso parcelar, não entre em prestações de longo prazo sem ter certeza absoluta de que elas não comprometerão seus orçamentos atual e futuro.

- Cuidado com propagandas enganosas do tipo "pague 2, leve 3". Muitas vezes o custo unitário sai mais barato. Além disso, você corre o risco de estocar mercadoria e perder o prazo de validade.

- Caso seus filhos ainda não tenham consciência do valor do dinheiro, evite levá-los ao supermercado. E, ao fazer compras, esteja devidamente alimentado.

- Se você gasta o seu dinheiro em coisas sem valor, provavelmente faltará dinheiro para pagar as coisas de valor.

- Desconfie sempre dos créditos fáceis, dos parcelamentos do tipo "fazemos qualquer negócio".

Chegamos ao final de mais um fascículo e proponho que ele seja lido por todos os seus familiares. Gastar menos do que você ganha é uma questão de mudanças de hábitos. Colocar em prática esses ensinamentos certamente trará grandes transformações em sua vida. Comece já, organizando uma reunião familiar, mas lembre-se de que essa reunião deve ser para falar primeiramente sobre os sonhos e desejos de cada membro da família.

Juntos, vocês poderão traçar uma estratégia e assumir as rédeas da vida financeira, fazendo com que o dinheiro seja respeitado como um meio viável para a realização de todos sonhos. Boa sorte e acredite na beleza de seus sonhos!

DSOP
Educação
Financeira

Disseminar o conceito de Educação Financeira, contribuindo para a criação de uma nova geração de pessoas financeiramente independentes. A partir desse objetivo foi criada, em 2008, a DSOP Educação Financeira.

Presidida pelo educador e terapeuta financeiro Reinaldo Domingos, a DSOP Educação Financeira oferece uma série de produtos e serviços sob medida para pessoas, empresas e instituições de ensino interessadas em aplicar e consolidar o conhecimento sobre Educação Financeira.

São cursos, seminários, workshops, palestras, formação de educadores financeiros, capacitação de professores, pós-graduação em Educação Financeira e Coaching, licenciamento da marca DSOP por meio da rede de educadores DSOP e Franquia DSOP. Cada um dos produtos foi desenvolvido para atender às diferentes necessidades dos diversos públicos, de forma integrada e consistente.

Todo o conteúdo educacional disseminado pela DSOP Educação Financeira segue as diretrizes da Metodologia DSOP, concebida a partir de uma abordagem comportamental em relação ao tema finanças.

Reinaldo Domingos

Reinaldo Domingos é professor, educador e terapeuta financeiro, presidente e fundador da DSOP Educação Financeira e da ABEFIN – Associação Brasileira dos Educadores Financeiros. Publicou os livros Terapia Financeira; Eu Mereço Ter Dinheiro; Livre-se das Dívidas; Ter Dinheiro não tem Segredo; O Menino do Dinheiro – Sonhos de Família; O Menino do Dinheiro – Vai à Escola; O Menino do Dinheiro – Ação entre Amigos; O Menino e o Dinheiro; O Menino, o Dinheiro e os Três Cofrinhos; e O Menino, o Dinheiro e a Formigarra.

Em 2009, idealizou a primeira Coleção Didática de Educação Financeira para o Ensino Básico do Brasil, já adotada por diversas escolas brasileiras.

Em 2012, criou o primeiro Programa de Educação Financeira para Jovens Aprendizes, já adotado por diversas entidades de ensino profissionalizante, e lançou o primeiro Programa de Educação Financeira para o Ensino de Jovens e Adultos – EJA.

Contatos do autor

No portal DSOP de Educação Financeira (www.dsop.com.br) você encontra todas as simulações, testes, apontamentos, orçamentos e planilhas eletrônicas.

Contatos do autor:

reinaldo.domingos@dsop.com.br

www.dsop.com.br

www.editoradsop.com.br

www.reinaldodomingos.com.br

www.twitter.com/reinaldodsop

www.twitter.com/institutodsop

www.facebook.com/reinaldodomingos

www.facebook.com/DSOPEducacaoFinanceira

www.facebook.com/editoradsop

Fone: 55 11 3177-7800